LA PARADOJA DE LA FELICIDAD

NO BUSQUES LA FELICIDAD SI QUIERES SER FELIZ

RAIS BUSOM

DEDICATORIA

A todas esas locas personas que tanto quiero.

"La felicidad no es un premio que se otorga a la virtud, sino que es la virtud misma, y no gozamos de ella porqué suprimamos nuestras concupisciencias, sino que, al contrario, podemos reprimir nuestras concupisiciencias porque gozamos de ella", (Baruch Spinoza, *Etica demostrada según el órden geométrico*, Parte V, Proposición XLII)

TABLA DE CONTENIDO

Prefacio: La paradoja de la felicidad

Este libro no es un libro de autoayuda, es un libro de ayuda para aquellos, que los libros de autoayuda no han ayudado.

Es un libro de ayuda, de cura, de curación, de transformación, desde mi experiencia, para todos aquellos que me importan y para todos aquellos que quieran leerme. Es un libro para ayudar a los demás.

De alguna manera es un libro de filosofía. O más bien, un opúsculo de filosofía *light*. La filosofía es como la cerveza: emborracha. A los filósofos nos encanta emborracharnos de filosofía, de complejos argumentos con muchas referencias de autor. Y cuando intentamos explicarla, no se entiende nada. Balbuceamos torpemente. Por eso, esta es una filosofía sin alcohol. Una filosofía

0,0, para no filósofos. Que se pueda entender y aprovechar. Sin resaca intelectual.

En este libro no hay atajos. No hay entrenamiento. No hay resúmenes, ni ejercicios, ni promesas mágicas. No hay historias de otras personas, ni casos de estudio. Es la descripción de un territorio. Es tan solo un mapa. Una visión por la que se puede transitar y conseguir una vida mejor.

Este no es un manual de instrucciones al que seguir punto por punto, y que te da todas las respuestas, como si fueran recetas de cocina, es más bien una caja de herramientas para que puedas solucionar tus retos por ti mismo.

No es uno de esos ensayos, que parecen escritos para niños, con todas las respuestas tan claras como consignas, que llegan a convertir al lector en un mero receptor. Bien al contrario, es como una novela, que invita a imaginar a los lectores, para que puedan construir su propia solución.

La ambigüedad del texto es una invitación a que desarrolles tu manera de solucionar los desafíos, que se te presentan. El escrito es un estimulo para que te hagas las preguntas adecuadas, para construir con tu imaginación tus propias soluciones.

No es un libro de superación, ni de autosuperación. Ya estamos bastante superados por la superación. Lo que buscamos es la profundización. Los tesoros no están en la superficie, más bien en todo lo contrario, están en las profundidades. En tus profundidades. Y no tienes que ahogarte para alcanzarlas, tan solo aguantar la respiración, durante unos instantes.

Pero no te hagas ilusiones, este libro es totalmente inútil. No sirve para nada, no tiene ninguna utilidad inmediata. No intenta cambiar tus hábitos, ni tus defectos. Eso es cosa tuya, tan tuya como el conseguir ser libre.

Lo único que pretendemos es compartir una visión. Pero quizás, a diferencia de otras, esta te ayude a un cambio profundo en como enfrentas la vida. Porqué esta visión no es la mía, es en realidad la tuya. Es tu mapa de la vida. Tu cartografía existencial.

No podemos evitar el esfuerzo y el sacrificio, que supone descender a los abismos o escalar las más altas cumbres.

— *Es la senda del* sherpa.

Tienes que estar preparado para ello. Es el único requisito. El premio es una felicidad auténtica, no edulcorada, una sabia manera de gestionar el propio yo. No la felicidad ideal, sino tu felicidad concreta, porqué cada felicidad no es individual como creías, sino, que solo se constituye como una relación con otros. Por eso, hablamos en plural de felicidades, de multifelicidad, en definitiva, de ser feliz. Saber ser feliz en plenitud.

Nuestro gran descubrimiento es *la paradoja de la felicidad*: que para ser feliz no puedes buscar la felicidad. La felicidad no es un estado personal, es una interacción con los demás. Por tanto, buscar la felicidad individual solo puede llevarnos a la frustración, para ser feliz hay que ayudar a que los demás sean felices.

No puedes alcanzar la felicidad, porqué no hay una sola manera monolítica de ser feliz, sino que solo puedes serlo en plural, de diferentes maneras y momentos, incluso al mismo tiempo. A veces, el intentar ser obsesivamente feliz, nos impide conseguir las felicidades cotidianas con otras personas. La felicidad de ser un estado seria inalcanzable, un ideal. Lo que importa es ser feliz. En cambio, ser feliz no es un estado, es una interacción, es una relación con los demás, un proceso vital sin fin ni final, que requiere de mucha sabiduría. Y está a tu alcance todos los días.

De una felicidad centrada en el ego, en la identidad individual, en la apropiación egoísta del mundo para el propio disfrute, proponemos un espectro de felicidades temporales y diferentes, en relación con otros, basadas en la generosidad y en el humilde desprenderse de sí mismo.

Una plenitud plena de momentos de gratitud transmitidos plenamente por las personas con las que nos relacionamos, para llenar las carencias mutuas. No se llenan ni se superan las carencias apropiándose de las energías ajenas sino regalando con generosidad afecto. Ser plenamente feliz es algo vano, banal. Si es importante, deja de importar. La plenitud tiene sus mareas, sube u baja. Se trata de ser responsable. Somos responsables de todos los problemas del mundo y de los demás seres humanos y debemos intentar resolverlos y ayudarlos como actitud, no podemos caer nunca en el victimismo.

Ser feliz es una actitud basada en la sabiduría de construir y abrazar felicidades con los demás, dando sentido a la propia vida, comprendiendo y encajando la desgracia y el dolor. Cada día, día a día. Saber ser feliz consiste en que no hay que buscar la felicidad para ser feliz, a esta se la encuentra con la actitud adecuada.

Pero este, ni siquiera es un libro escrito por mi.

Es un libro escrito al dictado de una voz interior, que me supera y me abarca. Que viene de fuera. De muy afuera. No es un libro pensado. Ha fluido desde algún lugar diferente del de donde estoy. Es un libro pensante por sí mismo.

— Indicando la senda

Y todo, para un propósito desconocido, que tenemos que descubrir mediante la lectura. Un objetivo, que se me escapa a mi mismo, como mero transcriptor de la voz, pero que tu debes descifrar en la trama del libro, como un misterio más de los que te rodean.

Confío en tu habilidad y tu destreza.

— ¡Que aprendas a saber ser feliz!

Laniakea, verano de 2019

1. EN RUTA SIN GPS

En realidad, el que te habla no soy yo, es él. La voz. Esa voz única y profunda, que habla en tu interior.

No es el escritor, que aparece en la contraportada. Ya lo hemos dicho. El autor escribe al dictado de una voz. Esa voz resonante, aunque a veces es muda. Esa voz, es la protagonista del libro, es la que te ayuda y la que te guía. Esa voz que habla a través de mí, es tu *sherpa*. Tu guía. Tu guía espiritual en la cartografía de la vida.

Los *sherpas* en Nepal son los que te ayudan a alcanzar las cimas más altas como la del Everest. En tu caso, tu *sherpa* te va a ayudar a conseguir las grandes metas, a las que te invitamos, pero que tú debes proponerte.

Por lo tanto, el autor desaparece al tiempo que lees y entiendes, que este libro son las lecciones, que tu *sherpa* te va a contar solo a ti. El texto es único, pero las interpretaciones infinitas. La lectura del libro, que tu hagas será única. Por eso, el *sherpa* solo te habla a tu oido. Es vuestro diálogo silencioso, y es vuestra conexión única, la que importa y la que sucede.

El texto es una obra abierta a todas las interpretaciones posibles. Al final, el camino lo eliges tú. Siempre. El *sherpa* te orienta, pero no te sustituye. Te guía, pero no te condiciona. Por eso, el yo no es más yo. No es más yo mismo, el autor. Sino que el yo se convierte en él, en tu *sherpa*.

A partir de ahora solo existe él, para orientarte en todo momento.

Mi yo es su yo. Ya soy el que soy.

Tu *sherpa* al habla:

— *¡Hola! ¿cómo estás? Soy tu sherpa.*

En ruta.

— *Estamos siempre en ruta.*

Sin GPS, sin brújula. Pero con tu *sherpa*.

Allí a donde vamos, es indiferente donde esté el Norte. No necesitamos orientación, porque es imposible estar desorientado.

Nuestra senda sigue por los caminos de la vida, a veces desconocidos, a veces olvidados. Nuestra orientación no depende del espacio, depende de las personas, que encontremos en el camino. Son ellas y las redes de personas, las que nos hacen ver donde estamos. Las que nos permiten compararnos y saber, que somos, que existimos y desear ir algún lugar. Nos dicen si estamos lejos o cerca. Nos enseñan quienes somos y quien deseamos ser.

Tira tu brújula y con ella, todos los libros de autoayuda, ideologías y religiones, que encuentres por el camino. La brújula es un instrumento de sumisión a otros que quieren indicarte el camino hacia el cerco de las ovejas. Libérate de los instrumentos opresores y se tú. Se sólo tú mismo.

— *Pero no puedes ser tú sin los demás.*

Sin un encuentro amigable con otras personas. Y sin la lucha o la huida de los enfrentamientos con otros. Ellos son el testimonio de tu existencia y la referencia de tu vida. Son los hitos y las metas de tus metas. Por afinidad o diferencia.

Un camino sin personas, aunque sea con brújula, no te lleva a ningún sitio, es más, ni siquiera sabes cuando llegas a alguna parte.

> — *La ruta es una colección de personas, que influyen en ti, incluso sin saberlo, sin que lo sepas.*

Es una búsqueda de la felicidad. Y solo a veces, mirando atrás, puedes reconocer la enorme huella, que algunos han dejado en ti.

> — *Escucha tu voz interior. A tu sherpa.*

Por eso, decimos que las pisadas no están en el camino, están en ti. El camino es siempre interior. Tú solo puedes estar en ti mismo.

La huella es el reconocimiento mutuo. Tu historia, tu mapa. Tus pisadas en el Universo.

2.   EL FINAL ES EL PRINCIPIO

— *No poseemos nuestra vida y menos nuestra muerte.*

Estamos de paso por nuestra vida, de la que nos hemos apropiado, pero no la hemos creado y por tanto no es nuestra.

La vida nos antecede y nos precede, la cabalgamos con nuestro momento de conciencia en el Universo, pero no somos propietarios de nuestra vida, simplemente la utilizamos. Este es uno de los motivos porqué en Occidente es tan difícil asimilar la muerte, ya que va ligada al concepto de propiedad, de presencia presente. Si el propietario de tu vida es una entidad superior imaginaria, como puede ser un dios, tu vida puede ser incluso un regalo. Te puedes inmolar en cualquier momento, porqué te puedes desentender de ella. No es tu responsabilidad, es la de dios. La tuya solo obedecer. Pero no a dios, sino a unos evangelistas, que son los únicos capaces de interpretar los designios de un dios inexistente.

Y no es que sea malo apropiarse de la vida, que nos brinda el destino, porqué de otra manera sería difícil vivirla, ya que la indiferencia también podría ponerla en peligro.

Sin embargo, la sabiduría indica, que la vida debería vivirse con la máxima intensidad, pero con un cierto desprendimiento de la propiedad, sin creérnosla demasiado, sin intentar ser dioses. Solo héroes. Minimizando la posesividad y el apego. La vida es un regalo cada día. Un préstamo.

— *Sin la muerte, la vida no tendría sentido. Es la finitud que desata la búsqueda de un propósito vital. Saber que hay un final convierte nuestra vida en una historia que tenemos que narrarnos.*

Hacemos parte de la vida, pero aunque la vida no es nuestra, todos sabemos cómo acaba nuestro viaje. El fin de la ruta, el final del camino.

Por eso, más vale, que toda la vida sea una aceptación y una preparación. Una celebración y una despedida. La conciencia de nuestra finitud y provisionalidad.

Siempre se dice que el final de la vida es la única cosa que sabemos con certeza. Pero es justo al revés. De hecho, es la única cosa que no sabemos, pues nunca hay una experiencia personal previa. Y los estados de coma no nos valen.

En cambio, si tenemos muchas certezas, aunque no son fatales. Si nos damos con una piedra en la pierna, nos hacemos daño. Cosas como esta, sí que las sabemos a ciencia cierta y las hemos aprendido y descubierto a lo largo de los años. De hecho, la muerte, el apagón definitivo, es bien al contrario del decir general, la única certeza, que no disponemos. Nunca hemos pasado por ello antes.

Aprendemos del dolor presente, pero no aprendemos de la muerte, porqué nunca la encontramos en la vida. La muerte es un acontecimiento siempre diferido. Lo manejamos como un signo, y da sentido a la vida porqué se hace presente con su ausencia. La vida no debería ser el olvido de la muerte, sino que la finitud tiene que ser el impulso de la vida.

Tenemos miedo o, mejor dicho, terror, a que se acabe la vida, por qué el estado de algún día no ser consciente, es imposible de pensar conscientemente. No estamos preparados para ello.

— *Nuestro espíritu de supervivencia se basa en no pensar, que no pensar es posible.*

Nuestra certeza de muerte es siempre derivada del testimonio de otros. Si no fuéramos un animal social, no lo sabríamos. Y ¿eso cambiaría las cosas? Pues sí.

Pensaríamos, que somos eternos y quizás nos apagaríamos sin saber, que nunca más volveríamos a vivir. Entonces, de algún modo podríamos ser eternos, si creyéramos que lo podríamos ser. Sin embargo, la vejez, el dolor y la enfermedad, son señales, de que la vida no es siempre, ni para siempre, una plenitud infinita. Avisan. Solo sabemos de la muerte por los testimonios, por los otros. Si siempre viviéramos completamente solos, no podríamos tener la certeza de que todo no es un sueño.

El *"pienso, luego existo"*, la duda metódica propugnada por Descartes, como prueba definitiva de nuestra existencia, es una falacia. La única manera de saber, que no estamos en un sueño, que un genio maligno no nos engaña todo el rato, no es ni pellizcarse, ni pensar, ni el sudor como en la película *Total Recall*, es el testimonio de otros. A los otros, nuestra mente no los controla. Sabemos que existimos, porqué otros ven cómo vivimos y saben que existimos. Por sus testimonios. Por su huella en nosotros y nuestra marca en ellos. La existencia es compartida. Son interrelaciones de una especie animal común.

— *La realidad es un consenso intersubjetivo.*

Es el sentido común, el significado común que creamos juntos, grupos y sociedades. La realidad es el discurso de todos los discursos humanos. A este nivel, si vivimos en un holograma como dice Elon Musk, que más da. Quizás solo otras especies extraterrestres podrían confirmar nuestra existencia. Son esas conexiones, que nos unen a los demás, que nos hacen vivir y nos duelen cuando se rompen, porqué alguien ha fallecido.

Los seres humanos somos más como redes de personas, que como individuos aislados. Somos como un megafractal de las bacterias. Tenemos lazos más fuertes y más débiles, y aunque sean mentales o emocionales, funcionan como si tuviéramos los cuerpos físicamente unidos. Como si fueran grandes cables de alta tensión. Son conexiones inalámbricas, virtuales, y sin embargo, existen, dan satisfacción y placer al unirse, y dolor, mucho dolor, al romperse, como si fueran materiales.

— *Por eso, el final es el principio.*

Estuvimos en un momento de la inexistencia, que deviene con la inseminación biológica y volvemos a la inexistencia en otro momento, que se detiene con la muerte celular. Nacimos de la nada y empezamos a ser algo en cuanto nos conectamos con la madre. Luego pasamos del vínculo físico al virtual con la rotura del cordón umbilical. Y a partir de ahí, nos vamos conectando con la familia y luego con la sociedad.

Siempre estamos conectados, pero también tenemos un sentido atávico de pérdida, de la seguridad de la gestación maternal. Siempre vamos buscando durante nuestra vida, ese bienestar, que al final encontraremos en el descanso final. O, al contrario, huimos de un dolor ancestral original, hasta que podemos apaciguarlo definitivamente. Al menos, siempre sabemos, que hemos tenido unos padres. Luego al final de la vida, nos desconectamos de todo, volvemos a estar completamente solos, nos diluimos en materia de otro orden. Morimos. Transformamos energía.

Pasa todos los días, todo el tiempo, es la vida del Universo.

— *Desconectarnos de los otros nos acerca a la muerte.*

Las dependencias patológicas, reflejan a personas, que han desconectado de otras personas y han conectado compulsivamente con un objeto de deseo.

La desconexión es deletérea. Es suicida. Quizás deberíamos decir, *"me comunico, luego existo"*. Si ya no me comunico, entonces, probablemente estaré muerto. Si hablo y nadie me escucha, habré dejado de existir. Si ni siquiera me oigo a mí mismo, podría estar en el dulce sueño del descanso definitivo. Apagado.

La vida es conexión, conectarse físicamente o virtualmente.

Seguimos en ruta, pero solo si somos acompañados por otros *sherpas*, podremos llegar a la cima de la felicidad.

— *Seguimos avanzando hacia el horizonte.*

3. Mirando al horizonte

El tiempo.

El pasado, el presente y el futuro, nos desconciertan y nos determinan. En la geografía no hay tiempo, solo espacio.

Y no es que no exista el tiempo, simplemente, que nos olvidamos de él. Lo suspendemos en un estado de flujo continuo, como si se pararan todos los relojes, hasta que nos detenemos y necesitamos saber qué hora es.

De hecho, solo existe un eterno presente, un infinito ahora. Un estado-instante permanente. El pasado y el futuro están siempre aquí y ahora. Incluso nuestra existencia no es más, que unas coordenadas en el espacio-tiempo. Un aquí ahora, un *Dasein*, un *ser-aquí*, que decía Heidegger. En el momento, en que el espacio todo lo invade, el tiempo desaparece. Somos un punto en el espacio. Cuando el tiempo es oro, aún más importante es saber dónde estás, donde se encuentra esa pepita dorada reluciente que representas, en el caudaloso rio de la vida. Tu ubicación en el mapa.

— *El tiempo no existe.*

Solo aparece el tiempo cuando sales del flujo vital. En general para nuestra conciencia solo existe el espacio.

El tiempo no es la duración. Se habla de perder el tiempo, pero el tiempo nunca se pierde. Siempre se tiene, porque somos temporalidad. Con lo cual ese tiempo se anula por omnipresente y al final, resulta irrelevante. Somos tiempo olvidado, por lo que solo tenemos al espacio.

Se habla de procesos en tiempo real, pero el tiempo no pasa instantáneamente, cuando estamos en el flujo del presente. El tiempo nunca es real, es imaginado y proyectado. Es un efecto impuesto por la finitud de la existencia humana.

El tiempo deja de ser relevante cuando uno está en el espacio correcto, en el camino adecuado. Cuando hacemos algo con lo que disfrutamos, no notamos como el tiempo pasa. Estamos en un estado de flujo. Un estado espacial. Un estadio atemporal, especial, inconscientemente consciente.

— *Ese es el sitio de la conexión con la misión.*

Con nuestra misión. Por eso, nuestro camino, primero tiene que reconocer el terreno, y con lo que hemos aprendido, con lo que somos y queremos ser, trazarnos un objetivo y recorrer ese camino.

Para reconocer la misión, tenemos que orientar la visión del terreno, hacia aquello que nos interesa o que conocemos mejor. Podemos tener visión y no tener misión. Siempre tenemos visión, sesgada o heredada, pero no tenemos por qué tener siempre una misión.

La vida es el camino para descubrirla, pero ser feliz sin pretensiones, puede ser una buena manera de no tener una misión definida, que te permite seguir el camino de tu visión. La misión de no tener misión y ayudar a los demás, a descubrir o a desarrollar sus misiones, es una gran misión con una excelente visión basada en la bondad y el altruismo.

El horizonte de tu visión es más importante, que el deber de tu misión. Por eso, hay que afinar, en el reconocimiento geográfico, y en saber esquivar los obstáculos. De todo esto va este curso avanzado de *sherpas* para *sherpas*.

Pero el camino no siempre es fácil. Está rodeado de escarpados precipicios.

El precipicio es lo que nos crea la ansiedad y la angustia, la visión de una probable caída.

Al menos, una caída creíble ante nuestros ojos. Eso nos paraliza y nos obsesiona. Tenemos que aprender a no mirar al precipicio. Siempre mirar adelante y fijar la vista en el objetivo.

— *Tienes que cambiar la ansiedad por la acción.*

Dar pasos pequeños y muy seguros. Convertir la angustia en positividad y en calma. Creer que vamos a ser capaces de bordear el precipicio con éxito y evitar la caída. Nos lo tenemos que creer.

Lo sabemos instintivamente. Respira y no mires nunca atrás, ni abajo al abismo.

— *Siempre adelante, con paso firme y decidido.*

A veces, antes de poder mirar al horizonte, a la ambición máxima, a la mayor distancia, a pesar de correr el riesgo de poder ser cegados por el sol, tenemos que fijarnos solo en el próximo paso. Nuestro siguiente paso, a veces es el único horizonte, que nos podemos permitir. Como *sherpa*, yo hago lo mismo. A veces, las condiciones meteorológicas son tan adversas, que el horizonte se borra y solo puedes ver el lugar de tu siguiente paso. Solo así se consigue seguir adelante y con serenidad, alcanzar el lugar deseado.

Vislumbramos un horizonte, pero siempre es cambiante. Pero eso no importa, el alcance de tu visión se adapta.

La caída es el problema. Ya no es la angustia, es el dolor, la frustración, la desafección. El haber caído rodando por el precipicio hasta el final. Si estamos tan mal y estamos vivos, es que nos hemos caído por el precipicio. Al menos, después de la caída, ya no hay precipicio.

La alegría de haber caído después de caerse es, que no puedes caer ya más. Es el primer renacer anímico. Solo podemos mejorar. Evaluar los daños, levantarnos y seguir. Esperando escoger la buena ruta, con el comprender de los errores cometidos y buscar un sentido a la vida, para buscar la felicidad.

Es la actitud esencial de todo *sherpa*. Seguir adelante con convicción y determinación. Desde abajo es extremadamente fácil ver cuál es el camino que seguir, si quieres recuperarte. El miedo desaparece cuando has tocado fondo.

Lo decíamos, el final es el principio. Solo puedes abandonarte cuando el final es irreversible. De lo contrario, lucha hasta morir. Sigue la ruta, la senda del *sherpa*.

— *Busca el confort en tu zona de disconfort.*

Ser *auto-sherpa*.

En ruta, otra vez.

— *¡Sígueme!*

4. NO PUEDES SER FELIZ

> — *No puedes ser feliz. No se puede.*
> *Simplemente no es posible.*

Quizás no lo sabías, pero es así. Siempre te habían dicho, que lo importante era ser feliz. Y te lo decían tus padres, unos infelices más allá de lo que podías sospechar. Si no puedes ser rico o tener salud, al menos, se feliz. Es lo más importante. Pero no se puede, en realidad no. No hay fórmula mágica. Nadie sabe cómo. La búsqueda de la felicidad es un callejón sin salida, un camino lleno de autoengaños y de narraciones idealistas, que nos atrapan.

> — *No se puede alcanzar la felicidad, solo se*
> *puede hacer feliz a los demás. A los otros.*

Por eso, te lo repetían tus padres, porqué ellos querían, que fueras feliz y -en la mayoría de casos-, hicieron todo lo posible para que lo consiguieras. Puedes estar satisfecho o contento, pero no feliz. Individualmente, en tu soledad interior, no puedes ser feliz.

— *Estando solo no se puede ser feliz.*

Somos animales sociales, de hecho, somos redes de cerebros, redes de conexiones emocionales e intelectuales. Uno mismo, no puede buscar la felicidad, solo puede provocarla. Podemos ser felices en la medida que, al hacer a otros felices, nos devuelven algo de su felicidad, pero tu felicidad depende de los demás. Y la de los demás de tí.

Esta es la *paradoja de la felicida*d: si buscas la felicidad no conseguirás ser feliz, si ayudas a los demás a ser felices, tú también serás feliz. La felicidad viene de fuera, no es individual es interpersonal. No es una estado es una relación.

— *Ser es ser feliz. Existir es buscarla felicidad.*

Nuestra existencia radica en las relaciones que nos hacen felices. La felicidad se contagia y se comparte. La felicidad está en la relación en sí misma, no en ninguno de los dos extremos. Es como la electricidad, que pasa por un cable. Es una emoción intensa, pero evanescente.

— *La felicidad es algo diferido, no es algo presente.*

No es el placer, no es la alegría, no es el deber. Es un mecanismo complejo. Ni demasiado rápido, ni demasiado lento. Ni mucho, ni poco, ni el justo medio. No se puede apresar en un momento, no se puede planificar. Ser feliz es cerrar el círculo de la emoción, de la conexión con otros. No es un estado, es un proceso dinámico, que consigues cuando la acción para ser feliz ya no está.

La felicidad es la conciencia de la vivencia de la felicidad, la reflexión sobre el proceso vivido de lo feliz.

Cuando lo que ha fluido, se congela en el recuerdo, somos conscientes que somos felices. Sin memoria, no hay felicidad. Es la diferencia entre el existir (el acto) y el ser (la conciencia del acto pasado). Entre el ser para sí egoísta y el ser con otros altruista.

Al igual que pasa con la conciencia, es una doble dualidad. Somos conscientes porqué somos capaces de reflexionar, de mirarnos mentalmente a nosotros mismos desde fuera, como si nos viéramos reflejados en un espejo. Esta dualidad es primero interna y luego externa, es una doble prueba.

Primero, hay que ser autoconsciente mediante la reflexión subjetiva, y luego, ser consciente mediante la intersubjetividad, mediante la relación con otros. Sin el testimonio de otros, sobre nuestra existencia, sin nuestra huella en la alteridad, sencillamente no somos. Solo existimos como seres vivos. Con la felicidad ocurre lo mismo. Al igual que la reflexión, la búsqueda de la felicidad es un movimiento dual.

De la acción de uno hacia a los demás y de la reacción de los demás hacia uno mismo.

— *No puedes alcanzar la felicidad. Buscarla es hacer feliz a los demás, para que estos te hagan feliz a ti.*

5. OTROS TE PUEDEN HACER FELIZ

En la historia de la filosofía, la felicidad es un tema recurrente. No diremos central, pero pocos autores se han escapado de contribuir con sus pensamientos. Existen múltiples acercamientos, miles de fórmulas y definiciones, pero todos coinciden en una misma cosa: en que es un concepto del individuo, un proceso individual. Todos, hasta llegar a Lévinas.

Para los griegos clásicos la *ataraxia* o ausencia de problemas, se identificaba con la felicidad. La felicidad no consistía en conseguir la riqueza material o en cumplir los sueños, sino en la liberación de las pasiones negativas y de los problemas.

Para el hedonista Epicuro, la *ataraxia* se basaba en la búsqueda moderada del placer. Epicuro considera, que la paz interior que permite la felicidad, resulta de la serenidad ante el control del miedo y al evitar las penurias. Sócrates pensaba, que la felicidad era algo individual, que uno la conseguía solo mediante la virtud, siendo una persona éticamente responsable y correcta.

Para Aristóteles la *eudaimonía* es la autorealización personal, el alcanzar las metas propias del ser humano. Spinoza considera, que la felicidad reside en ser uno mismo, en lo que a uno le hace crecer. Nietzsche consideró la felicidad como el sentimiento, que acontece cuando una dificultad ha quedado superada. Incluso Kant, llega a considerar la falta de universalidad de la felicidad, con lo cual la ética no puede basarse en ella. Esta evolución histórica del concepto de felicidad marca el sentimiento generalizado en nuestra cultura, de la felicidad como autorealización, como el camino individual hacia la consecución de la propia satisfacción, mediante la obtención de recursos materiales.

Vivimos en un mundo donde la felicidad se confunde con la posesión y el consumismo.

Algunos piensan, que el estatus social les entregará la felicidad. Y no. Vivimos en una sociedad narcisista, como explicó Freud en *El malestar en la cultura*, la felicidad está vinculada al amor a sí mismo, al culto de la propia imagen, a la sublimación del placer en la fama, en la posesión material y en el apego emocional a otras personas.

Formamos parte de una cultura egocéntrica y posesiva, basada en la confrontación, más que en la competencia. Muchos ni siquiera buscan la felicidad, prefieren la gloria o la fama y se dejan llevar por la ambición. La felicidad exige la aceptación humilde de la mundanidad, el no destacar, una huella vital minimalista.

Lévinas fallecido en 1995, cambió toda la perspectiva del pensamiento Occidental sobre la felicidad, a partir de su reacción teórica contra la catástrofe humana, que representó la Segunda Guerra Mundial y el exterminio nazi. Su pensamiento sigue siendo hoy más válido que nunca. Su idea engarza en la tradición, pero la disloca. Se podría resumir reutilizando sus palabras: *"El existir puro es ataraxia, la felicidad es realización"* y la realización personal solo puede conseguirse en relación con los demás.

Necesitamos de la presencia del otro, para poder realizarnos como personas. Y en esta relación interpersonal, vamos adquiriendo el sentido de nuestra existencia. Lévinas añadía, además, que el ser humano tiende a la búsqueda de Dios, de un ser absoluto, que nos lleve a la felicidad eterna y a la realización de nuestra vida. En este punto discrepamos. La tendencia al absoluto es humana, pero es un concepto totalitario innecesario, que lo único que consigue es el sometimiento de unos seres humanos a otros. La búsqueda del absoluto está reñida con el reconocimiento de la finitud humana y el ejercicio de la humildad, necesarias para la cooperación, base de toda construcción social.

Hay que tener claro, que no vivimos solos, que no somos una isla en la cual lo único que importa es el yo y su felicidad. Debemos darnos cuenta, que la felicidad la adquirimos teniendo una relación interpersonal. Sea de amor, fraternidad o solidaridad.

Nos constituimos como persona completa en el reconocimiento del otro, para lo cual primero debemos ser personas maduras en nuestro modo de actuar y de relacionarnos. Se tiene que constituir primero el yo, para poder recibir al otro.

Las relaciones confirman una espiral positiva de aprendizaje y enriquecimiento constante. Nos va cambiando y va cambiando a los demás. Todo el tiempo.

Tenemos que ser primero responsables con nosotros mismos, para servir y reconocer a la alteridad y así mismo, comprometernos con la justicia que exige. Una importante constatación de Lévinas, es que la relación del otro con el yo, se da a través del lenguaje. Este, es por tanto, no solo un vehículo de comunicación, sino de acción comunicativa, de relación ética.

— *Es la responsabilidad con el otro.*

6. LAS DOS CARAS DE LA INFELICIDAD

En el extremo teórico antagónico de Lévinas, podríamos encontrar a Bentham.

Aunque es del siglo XVIII, no deja de ser un paradigma teórico de cómo funciona nuestra sociedad narcisista. Bentham, representante de la corriente del utilitarismo, propuso la felicidad como cálculo individual. Mucho del narcisismo y del consumismo actual, parte de una ética instrumental idéntica a la del utilitarismo. Bentham fundamentó una nueva ética, basada en el goce de la vida y no en el sacrificio, ni el sufrimiento. En la negación de la realidad cruda, en la idealización del placer y la represión de todo lo negativo.

El objetivo último era lograr *"la mayor felicidad para el mayor número"*. Introduce esta perspectiva colectiva, ya que la gestión instrumental no puede hacerse sin aprovecharse de los demás, pero la felicidad sigue siendo algo eminentemente individual, egoísta.

Habla de un *"cálculo felicítico"* e intenta dar un criterio, para ayudar a los demás en la búsqueda de lo útil. Para ello, realiza una clasificación de placeres y dolores. Los placeres son medibles bajo siete criterios:

1) Intensidad

2) Duración

3) Certeza

4) Proximidad

5) Fecundidad (situación agradable que genere más placer)

6) Pureza (ausencia de dolor)

7) Extensión.

Sólo se consideran los intereses ajenos, en la medida que generan un beneficio. A esta ética instrumental, Lévinas le opone una ética de la responsabilidad y de la reciprocidad. Al egoísmo calculador propio de nuestra sociedad violenta, se opone el bien desinteresado, el altruismo y la cooperación pacífica.

No existe un antónimo del concepto de *"cálculo"*. De cálculo como operación numérica. Lo contrario de cálculo se vincula a términos negativos como *"divagación"*, *"imprecisión"*, *"imprevisión"*, *"impulso"*, *"irreflexión"*, *"vaguedad"*, etc. Esto se debe al criterio predominante de nuestra sociedad ingeniera. Lo contrario de cálculo en positivo sería: *"intuición"*, *"estimación"* o *"incalculable"*. Conseguir un resultado semejante a la operación sin hacerla o no hacer nada. A nivel humano, lo contrario de una persona calculadora es una persona generosa.

La felicidad tiene su base en la falta de cálculo, en la renuncia a la utilidad. En la medida en la que no calculamos nuestras emociones, podemos ser felices.

— *El utilitarismo y el narcisismo son las dos caras de la infelicidad.*

Parece que la falsa felicidad que propone el utilitarismo instrumental y el narcisismo conducen a la ansiedad y a la infelicidad permanente.

Las teorías de Lévinas parecen confirmarse según un estudio reciente. El más amplio hecho hasta el momento sobre la felicidad, realizado en la Universidad de Harvard por Robert Waldinger. Se concluye categóricamente, que las relaciones personales son fundamentales para la felicidad. Precisamente, señalan tres características para conseguirla:

1) Relaciones cercanas

2) Relaciones de calidad, no en cantidad

3) Matrimonios estables, que se apoyan el uno al otro

Las personas no pueden estar desconectadas entre sí, de lo contrario, caen en desgracia. Los famosos experimentos del profesor Alexander con el *"parque de las ratas"*, donde las ratas socializadas no bebían agua con droga, mientras las otras sí, demostraron, que las adicciones se producen por falta de comunicación.

Cuando alguien está entretenido e integrado en un grupo, no suele tener adicciones o estas desaparecen milagrosamente.

La felicidad no existe sin relaciones humanas. El solipsismo y la misoginia, conducen el individuo hacia la melancolía, la nostalgia y la ansiedad en general. O también a conectarse con máquinas o con cualquier vicio.

— *La desconexión es infelicidad.*

Sin conexión somos como peces fuera del agua.

Y en la medida en que conectamos con más de una persona, como sucede en las familias, y aportamos a esas personas, la energía necesaria para hacerlos felices, vivimos varias felicidades.

El profesor y músico Zander, precisamente, nos ha demostrado de manera práctica, como conseguir la felicidad. Transmitiendo pasión. Provocándola. Conectando. Ayudando a conectar.

— *La felicidad se mide en sonrisas.*

Solo cuando ves brillar los ojos de la gente, que te rodea y que aprecias, por lo que les has dicho o les has hecho, solo entonces, sabes que son felices y tú puedes sentirlo.

— *¡Pruébalo!*

7. EN BÚSQUEDA DEL SENTIDO DEL SENTIDO

Escribimos sobre la felicidad. Pero siento que no hemos hecho a más gente feliz, ni más feliz a la gente.

Y eso es porqué a la gente no le interesa la felicidad. Por mucho que diga.

No es tan difícil en realidad serlo, aunque requiere renunciar algunas cosas, que somos. No podemos enfocarnos en la riqueza, ni en el éxito, ni el placer, ni en el poder.

Si podemos renunciar a eso, es rematadamente simple, se trata solo cuidar a los demás, a los que queremos, a los desvalidos, a los que necesitan ayuda. Y ellos nos pagarán con creces nuestra dedicación, haciéndonos felices. Quizás precisamente por eso, a veces, la felicidad no es suficiente. Es demasiado poco para un mundo tan ambicioso donde solo valen los ganadores, donde todo se mide por popularidad: *likes* y *followers*. Por desgracia.

— *Y es que, para la gran mayoría, el sentido es más importante que la felicidad.*

El sentido de la vida. La propia narración de lo que queremos ser. Nuestro personaje en el libro de los años vividos y que nos quedan por vivir, es más importante, que la felicidad misma.

La gente se mata y se autodestruye por conseguir sueños imposibles y se convierte sin quererlo, en alguno de los malditos personajes de Fiódor Dostoyevski. ¿Por qué? El ser humano no existe sin un sentido. No se mata por ser feliz, pero si para dar sentido a la vida. Tristemente.

Para unos el eje del sentido es el poder, para otros es el saber, para muchos el bien y para unos menos el mal. Tantas cosas nos dan sentido, tenemos tantas narraciones como personas.

Nos movemos en una selva de significados, que nos empujan a cambiar porque no podemos dejar de sentir el sentido de todo lo que nos rodea. Aunque sea de manera inconsciente.

Somos presos de la jaula de significados, de los cuentos que nos explicamos a nuestro niño interior, pero al tiempo, somos también héroes, que creamos nuestra vida y nuestro mundo.

Viktor Frankl nos explicó como hasta en el más triste de los lugares posibles, en un campo de concentración, la gente encontraba sentido a sus vidas. Con razón Ernst Cassirer decía que el hombre es un animal simbólico. El ser humano vive en una jaula lingüística, en lo que Umberto Eco llamaba *"semiosis ilimitada"* (semiosis de sema, unidad mínima de significado), es decir, los significados se refieren a significados y así hasta el infinito. El proceso de comunicación lingüística, es ilimitado en cuanto a producción de sentido.

La misma historia, repetida en dos momentos diferentes, ya no es la misma. Y no es la misma, porqué el significado se produce entre los dos extremos de la comunicación, la competencia lingüística de los sujetos (el acerbo cultural) y el mensaje. Un *remake* de una película es ya una película distinta y no solo porque todo sea distinto, los actores, el montaje, parte del guion, sino porqué el público es diferente, no solo el nuevo, sino el mismo que vio la original. Como decía Heráclito, *"no puedes bañarte dos veces en el mismo río"*.

Los historiadores diferencian entre *res gestae* (los hechos pasados) y historia *rerum gestarum* (narración sobre los hechos pasados). Una cosa son los hechos y otra bien diferente, las explicaciones de los hechos. Sin embargo, es una distinción abstracta, conceptual. No podemos nunca acceder a unos hechos neutros, aislados. Existen diversas narraciones para los mismos hechos.

Julius Greimas hablaba de *"isotopía"*. Vladimir Propp aplicó el concepto para estudiar los cuentos rusos, demostrando que existen diversos recorridos de lectura para un mismo texto. Lo que nos lleva a afirmar categóricamente, que no hay mayor cretinez, que decir que los hechos son incontrovertibles, porque cambian al concatenarlos de manera diferente en las explicaciones. El problema es que los hechos siempre son interpretables, por qué no hay un acceso puro, siempre están mediados por nuestro lenguaje, e ignorar esto, es cometer el error tradicional de la metafísica occidental, el presentismo, consistente en pensar, que tenemos una vía directa a la realidad presente. Lo que es tanto como decir, que somos Dios y que tenemos acceso a lo que Immanuel Kant llamaba noúmeno, la cosa en sí, sin limitaciones de perspectivas. Incluso la ciencia, como lenguaje artificial, no deja de tener las limitaciones de todo lenguaje, de temporalidad de sus significados y perspectiva del observador o perspectiva antrópica.

Durante siglos, la humanidad olvidó al lenguaje, como si no existiera, pero durante el siglo XX entendimos, que el lenguaje no es un vehículo, es el destino, pues no hay otra cosa. La filosofía reciente se ha esforzado por desarrollar nuestra autocomprensión lingüística, a pesar de que, en la vida cotidiana, casi todo el mundo vive dentro del engaño de la metafísica de la presencia.

Toda narración supone un texto, en el sentido más amplio.

— *La narración de nuestra vida es el texto, que inscribimos en un papel imaginario, al que llamamos realidad.*

Un discurso como conjunto de enunciados definitorios, aunque no estén escritos en un sitio determinado, simplemente los utilizamos, los suponemos y nos guían. Las personas repetimos discursos de otros, como propios, sin saberlo. Es inevitable.

— *El lenguaje es un juego.*

Estamos creando discursos constantemente como los niños.

8. NARRACIONES CONSENTIDAS

Ludwig Wittgenstein en su segunda etapa, hablaba de juegos de lenguaje, para indicar, que acción y significado son indisociables.

John Langshaw Austin lo llamaba actos performativos, *"como hacer cosas con palabras"*. El debate de los que priman la acción sobre la teoría o viceversa, es falso. Todo ocurre en y por el lenguaje.

Las narraciones históricas buscan un origen puro al que remontarse. Es lo que se llama una genealogía. Quien gana una guerra, explica el pasado de manera diferente de los perdedores. Los discursos sociales y los personales, también lo hacen. Se interpretan ciertos episodios míticos donde apoyar una narrativa. En la narración no hay verdad. Todo es verdad y todo es mentira. Lo que existe es una correspondencia entre la voluntad de poder y los hechos.

Diversas narraciones compiten por los mismos hechos, por apropiarse de unos cuantos hechos determinados. En definitiva, los grupos humanos intentan establecer unos discursos por encima de otros, como verdaderos. Pero la verdad no está en el discurso, está en el poder de imponerse por parte del grupo que la utiliza, durante el mayor tiempo posible.

— *La verdad es tan sólo una correspondencia entre discurso y poder.*

A nivel social, también se habla de ideologías o metarelatos, que son discursos de discursos, que estructuran los mapas mentales de la gente.

— *La autonarración es más importante que la felicidad, para la gran mayoría.*

Justificamos con mayor o peor sinceridad, nuestros actos y decisiones. Somos héroes o villanos, en función de si nos queremos mucho o poco. Son nuestras narraciones consentidas, nuestros discursos autocondescendientes. Pero lo saludable es desprenderse de uno mismo, como aconsejaba Michel Foucault.

No creernos demasiado a nosotros mismos, no tomarnos demasiado en serio y reconocer, que somos ingenuamente tramposos con el sentido de nuestra vida. Desprendernos de nuestra ambición, de nuestra envidia, de nuestra codicia, de nuestra avaricia, de nuestro odio, es siempre lo más profiláctico. Por eso, promocionamos el método de la deconstrucción desarrollado por Jacques Derrida, que no es otra cosa, que una nueva manera crítica de interpretar discursos.

— *Los discursos deben desmontarse.*

Hay que someterlos siempre a unos test de *stress*, para ver si son resistentes, si son coherentes con nosotros, si nos ayudan. Y recomponer las piezas en un nuevo discurso fresco y sino verdadero, al menos, original y auténtico. Sincero. Reconstruir un discurso, que no solo nos dé sentido, sino que de sentido a los demás. A los que queremos, a los que se lo merecen, a los que luchan por ser mejores. Un discurso inclusivo y positivo. Mantener el espíritu crítico y la duda metódica, que es la propiedad fundamental del lenguaje.

Umberto Eco decía que el lenguaje sirve para mentir.

Que es lo mismo que decir, que lo metafórico le es consustancial. La coherencia no es la verdad. Y si el lenguaje sirve para mentir, sirve para desmentir también. Sin la posibilidad de decir lo falso, de cumplir la paradoja del mentiroso, no hay significado posible. Sin la posibilidad de construir metalenguajes, no hay nada, solo existe la tautología, que es la base de los lenguajes formales: A es igual a A. Como decía Martin Heidegger, *"A es A, no solo dice que todo A es él mismo lo mismo, sino, más bien, que cada A mismo es consigo mismo lo mismo"*.

Cuando el principio de identidad no se cumple, tenemos el sentido. El significado lo construye la diferencia. El significado es una estructura arbitraria de diferencias. El lenguaje no puede detenerse, ni congelarse. Es dinámico, es un flujo vital. Sirve para crear grandes fábulas mentirosas, pero también textos iluminadores. La duda existencial es pues consustancial al ser humano simbólico, está propiciada por las mismas características esenciales del lenguaje. Debemos pasar del conflicto de discursos ciegos por su verdad, como las religiones y las ideologías políticas, a discursos cooperativos responsables, donde la alteridad es reconocida.

Esta es la simple lección, que nos enseña el lenguaje a través de la deconstrucción.

— *El sentido de la vida es una mentira necesaria pero dañina.*

El secreto está en jugar. Como los niños, como las tribus ancestrales sin historia.

No hay sentido que valga. Buscar el sentido es un sinsentido. No nos conviene olvidar, que existe el lenguaje, pero tampoco es bueno crear un museo o un mausoleo con sus palabras. No hay que tomárselo muy en serio. Sobre todo, el lenguaje sirve para jugar y para reír. Nosotros creamos la realidad a través de él. No somos héroes, ni villanos, simplemente somos escritores, narradores. Todos y cada uno de nosotros. No sabemos hacer otra cosa que jugar. No hay diferencia entre juego y acción. Entonces ¿por qué no escribir la mejor historia posible? ¿aquella que nada signifique?

— *Te conviene dejar de buscar el sentido de la vida, porqué el sentido del sentido es dejar de buscar el sentido.*

— *Y ser feliz.*

9. COMPRENSIÓN DE LA COMPRENSIÓN

Si ser feliz no es posible, porqué estamos más pendientes de dar sentido a nuestra vida, ¿qué es lo que nos salva de la ansiedad cuando el sentido no tiene sentido?

— *La comprensión. La facultad que distingue a la inteligencia humana.*

La única herramienta, que cura la desgracia ante situaciones difíciles o complejas, es la comprensión.

El psicoanálisis, por ejemplo, está basado en la autocomprensión. El paciente logra resolver sus traumas inconscientes, mediante la comprensión. El psicoanalista es un facilitador más o menos pasivo, para que el paciente narrando su historia, encuentre el sentido oculto bajo el sentido falso, que uno se ha contado o ha heredado de otros, que se lo han contado. Solo la comprensión nos salva del infierno. Quizás la comprensión no preserve nuestra identidad, formada por nuestras narraciones favoritas, gratuitas, inofensivas y narcisistas, pero revela una diferencia esencial con nosotros, que nos une a los demás y nos hace más auténticos. No podemos salvar las contradicciones, no somos robots, pero podemos comprenderlas y aceptarlas.

— *¿Pero qué es la comprensión?*

Comprender es entender. En las mejores definiciones, es entender algún sentido profundo. La diferencia entre el sentido profundo y el sentido superficial, es básica, no solo en el psicoanálisis, sino en el nacimiento de las ciencias sociales. Existe un pulso entre una narración profunda y latente, que nos determina, que queremos olvidar, pero necesitamos interpretar, y una narración patente, que ayuda a construir nuestro yo, como la historia de un personaje protagonista, héroe o villano. Autonarración que nos da el sentido, contra una narración de nosotros mismos, que no controlamos, y que va interfiriendo en los capítulos más intensos de nuestra vida, distorsionando nuestro sentido, que se escapa ante nuestra impotente voluntad de poder.

— *Si no comprendes no sabes el camino a escoger.*

A pesar, que la comprensión tiene que ver con nuestro mundo de narraciones, se despliega más como una geografía, que como una línea de tiempo. La comprensión es un sentido espacial. Es la geografía de la conciencia. El mapa del momento vital. Es auténtica sabiduría, es poder ver las cosas desde arriba, como decía Spinoza, *sub specie aeternitatis*. Tener amplitud de miras. Si no comprendes la situación en la que estas, no puedes salir de ella. Solo puedes dar vueltas como en un círculo vicioso, sin resolver nada. La comprensión es un plan de escape, pero no una huida rápida, sino más bien un atajo de templanza. Hay que entender el contexto, porqué siempre es determinante en toda comunicación. Comprenderse.

— *No se puede comprender con miedo.*

El momento de comprensión es una mirada completa al horizonte y alrededor de donde estamos. Pausada, lenta, con toda la calma necesaria para no perder detalle. Sin miedo. Se trata de una mirada honesta y sincera, que haga luz sobre las sombras, que nos han ahogado durante tiempo. Hay personas inteligentes con una reducida capacidad de comprensión. La comprensión es inteligencia, pero la inteligencia no es la comprensión. Ni el conocimiento. Se necesita una capacidad de análisis profundo, pero sobre todo, de una inexorable virtud en desprenderse de uno mismo, de las narraciones preferidas, de aquellas, que se han convertido en nuestros escudos para el dolor. Con la comprensión deconstruimos los discursos, que nos han fallado, que nos han destruido, y los reconstruimos una nueva historia, con el conocimiento de un yo desconocido, que nos impulsa con mayor fuerza, hacia un nuevo sentido consentido.

— *La comprensión posibilita la compasión.*

La comprensión es un acto de lo que Xavier Zubiri llamaba *"inteligencia sentiente"*. No podemos separar lo racional de lo emocional. Es un indecidible, un cortocircuito entre dos estrategias enfrentadas. La comprensión se da lugar en la intersubjetividad. Entre personas. La comprensión es autocomprensión, pero también intercomprensión. Nadie está sólo. La empatía ayuda a relativizar nuestra posición geográfica, acorta las distancias y suaviza las dunas. Es una reflexión, una mirada a uno mismo, pero para contextualizar donde estamos. Más que un mirarse al espejo, es ver que el espejo es un cristal con una superficie reflectante. Una reflexión reflexiva, autoconsciente. Lo que nos lleva a considerar al otro como amigo, a la alteridad como proximidad diferente. A sentir compasión por los desalmados. Los otros están en nosotros. Comprender también significa abrazar.

— *La comprensión no puede enseñarse.*

Transmitir la comprensión es imposible, porqué la comprensión es una experiencia. Los testimonios son importantes, pero la comprensión es un ejercicio personal. Un proceso individual, aunque formado por muchas influencias colectivas. El olvido es la primera reacción ante el trauma. Olvido y represión. Ocultación. Pero la rememoración es curativa, la generación de nuevas narraciones, que integran la parte traumática, son la base para la autosuperación. La superación personal es una reconstrucción de una historia, que se había convertido en falsa. A nivel social, sólo podemos educar en la sabiduría racional-emocional, dar las herramientas para comprender y ejercitar la comprensión. Lo que incluye también despertar la memoria colectiva y incentivar, que las redes de opinión pública, no solo se dediquen a comunicar, sino a comprender.

— *La incomprensión es la conjura de los resentidos.*

Si entender es una gran virtud, que ayuda a uno mismo y a los que uno se comunica, no entender, es un defecto maligno y destructivo. El efecto de no ser comprendido es el cierre geográfico en la prisión de la conciencia de otro. La peor situación para el propio sentido y para la acción de ser feliz, es precisamente la incomprensión. La cruel respuesta del resentimiento, paraliza el camino de recuperación y ensombrece el mapa de la conciencia. Es la venganza de los necios. Pero la comprensión es irreductible y siempre encuentra el lugar en el lugar. La incomprensión no debe ser comprendida, debe sortearse como un obstáculo en nuestro camino hacia el sentido.

— *Comprendiendo a comprender.*

Hay que pasar del sentido a la comprensión. La comprensión es un paso hacia atrás en el sentido, no una suma de significados. Ya dijimos, que buscar el sentido, no debería ser más importante, que ser feliz. Pero no es posible dejar de buscar el sentido, sin la comprensión, especialmente ante la adversidad. El sentido de la felicidad es comprender, que no comprendemos nada con sentido en la infelicidad.

— *Seremos felices si comprendemos el sentido, después de comprender, que no hemos comprendido nada, porque nada tiene sentido.*

10. INTRASCENDENCIA VITAL

La vida cotidiana nos revela héroes desconocidos en los momentos más inesperados. Al mismo tiempo, que nos descubre a los falsos héroes.

La comprensión nos ayuda en la adversidad, cuando no encontramos el sentido a nuestra vida, cuando la felicidad no es suficiente y nos crea insatisfacción. Entonces, a veces, otro mecanismo vital se pone en funcionamiento: la trascendencia.

Esta es el propósito existencial diferido a la posteridad. La expectativa de una realización vital póstuma, que compense la insuficiencia del presente o que de aliento a una ambición desmesurada para lo que nada es bastante, ni el propio presente. Un deseo infinito imposible de satisfacer, un ego tan inseguro y tan enorme, que no tiene bastante con el reconocimiento presente.

El deseo y el sentido de trascendencia es muy humano. No es otra cosa que la voluntad de trascender a la muerte, a nuestro miedo ancestral. Y muchas cosas que hacemos, como tener hijos, entre otros motivos, van en este sentido. Sin sexo, sin reproducción, no habría muerte, seríamos eternos, o al menos, los primeros ejemplares humanos lo hubiesen sido. Pero en realidad, el animal es la especie, no el individuo. La reproducción permite la perpetuación. Así es la vida. Se replica, se desarrolla y evoluciona.

La genética empuja de manera inteligente a los individuos a realizar elecciones irracionales, como sacrificios vitales, tal que las heroicidades, que acaban con uno mismo, pero beneficiaran a la especie, a su supervivencia. Una combinación de innatismo genético y adaptación cultural epigenética, en definitiva, una mezcla de egoísmo y altruismo hace que escojamos propósitos trascendentes.

Diferir el sentido de la vida a la muerte, a las expectativas de reconocimiento póstumas, es muchas veces, la mejor huella que pensamos que podemos dejar. Las grandes obras implican un gran sacrificio, y a veces, hipotecan a varias generaciones. Artistas y científicos incomprendidos siguiendo su sueño, han encontrado la gloria solo después de su fallecimiento. ¿Pero realmente es justa la fama póstuma? Cómo saber que vas a caer en el más absoluto olvido, o como siendo un completo desconocido un día puedes ser famoso. Nadie sabe. En realidad, la trascendencia se juega solo en el presente, la posteridad es tan solo un deseo, un falso sueño de ambición. Pero muchos no pueden reconocerlo.

Incluso muchas personas de éxito, un día deben retirarse y mirarse a la cara para saber quiénes son realmente, y si ese éxito es el que realmente da sentido a sus vidas, o simplemente las ha hecho más fáciles y les ha distraído unos cuantos años. Ante el lecho de muerte, reluce la verdad sin contemplaciones. El juicio final de si valió la pena, de si perseguimos todos nuestros sueños a conciencia, y de si quisimos de verdad a todas las personas que quisimos o debíamos querer, con toda la pasión necesaria, o nos hemos conformado con cualquier sucedáneo. Nos preguntaremos, si nos hemos arriesgado suficiente, en esa ventana de tiempo, que atravesamos con el cuerpo, que nos han prestado, para ser lo que quisimos ser.

Nos han enseñado que la trascendencia es trascendental. No es un juego de palabras. No hay trascendencia sin trascendentalidad. Una larga tradición occidental ha cargado nuestro imaginario colectivo de deseos de trascendencia. La trascendencia como capacidad de diferir la realidad presente es la condición de posibilidad de la realidad misma. A nivel humano, la temporalidad, que nos impone nuestra finitud, se debate constantemente en el deseo de superarla mediante la trascendencia. Según la estética trascendental de la *Crítica de la Razón Pura* de Kant, que fundamenta parte de nuestro pensamiento occidental, es trascendental porque es *a priori*, porqué es algo, que nos impone la clausura en la realidad. El tiempo y el espacio humanos, son categorías previas a la conciencia, que nos permiten interpretar la realidad y manejarnos con ella. Por eso, la vida vivida en toda su intensidad y positividad es más como un viaje espacial, que temporal. La satisfacción anula el tiempo, y todo se convierte en un mapa vital, en una cartografía de la conciencia.

— *Sin embargo, lo bueno, lo sano, es mantenerse en la inmanencia.*

La inmanencia es lo contrario de la trascendencia. Sin trascendencia no hay Dios que valga, y no hay posibilidad, que una minoría se erija en monopolio de la verdad, ni pretenda tener el derecho natural de aniquilar a toda lo diferente, a la diferencia. La trascendencia es lo feudal, lo heredado, como las monarquías, los imperios, las dictaduras, las religiones, los nazismos, etc. La trascendencia es perpetuar la identidad consigo mismo por encima de la diferencia y del cambio cultural inevitable en toda interacción humana.

— *La inmanencia es vivir con la conciencia de que somos parte de un ecosistema natural.*

La inmanencia es la naturaleza, es la instrascendencia. Y ella, no necesita ningún dios, ni ninguna especie más que otra. Más que otra cosa, la naturaleza o por extensión, el Universo, es Dios, como decía Spinoza, *Deus sive Natura*. Resistirse a los impulsos de trascendencia es algo bueno. La inmanencia no es trascendental, no es *a priori*, la tenemos que aceptar y construir, es la aceptación de la finitud humana y la aceptación de esta responsabilidad y de esta libertad. La inmanencia no es fácil de practicar, y a veces, sin quererlo, te convierte en alguien trascendente, como pasa con la trascendencia auténtica, la sobrevenida. La inmanencia nos hace intrascendentes, humanos iguales entre nosotros. Nadie es más que nadie. Y ser iguales, es la única estrategia social para la convivencia. Quizás no nos convierta en los gigantes que creemos ser, pero nos permite ser felices.

Si no estás conectado con la familia, con la sociedad, con la humanidad, estas enfermo. Lo hemos comentado antes, hablando de los experimentos del profesor Alexander. Las personas no son *"adictas"* a cierta química, sino que tienen *"apego"* a ciertas prácticas, ante el vacío de la incomunicación, de la desconexión. Lo opuesto a la adicción no es la sobriedad, es la conexión humana.

— *La adicción es una adaptación a la soledad, a la pérdida.*

Las ideologías son una droga intelectual. El terrorismo es una de las peores, pero también son dañinas las sectas, el uso político de las religiones y los discursos sociales extremistas. Y son discursos trascendentes impulsados por nuestra cultura milenaria.

En Occidente tenemos un problema, según el deconstruccionismo de Derrida, que nos precipita a la trascendencia y se llama la metafísica de la presencia. Creemos saber, que la realidad es una presencia estable y presente, algo que tiene unos fundamentos muy sólidos, y ello nos impulsa a la trascendencia, porqué pensamos, que tenemos el poder de controlar la realidad. Pensamos que podemos proyectar el presente al futuro. Pero no es así, como Kant nos ha querido hacer pensar.

— *No hay una presencia presente, más bien una ausencia ausente.*

Si no podemos poseer el presente, no podemos trascenderlo. Vivimos en una inmanencia lingüística. La realidad es una construcción lingüística con una referencia diferida, que nunca está presente. Al igual, como un signo es una señal, que está en lugar de un objeto, que nunca puede presentarse. El humo es el signo del fuego, cuando el fuego no es visible. Con lo que no poseemos al fuego, tan solo algo que ocupa el lugar del fuego, el humo, que representa la ausencia del fuego.

— *No podemos trascender lo que no es trascendental.*

No podremos ser felices sino no somos capaces de trascender todas las adversidades que nos afectan. La felicidad que nos otorgan los otros, no depende de que estemos bien. Siempre es posible, pero sólo si trascendemos la desgracia propia.

— *La realidad siempre está en otro sitio.*

Comprender el sentido de la felicidad sólo es posible en la inmanencia, en la más completa intrascendencia.

Jugando en la senda del *sherpa* como niños.

11. DIALÉCTICA DEL PÉNDULO

La dialéctica es un concepto filosófico, que explica como la realidad se desarrolla como si fuera un diálogo.

Notoriamente, Hegel habla de una fase positiva (tesis) a la que se contrapone otra negativa (antítesis), pero que suma la anterior, para finalmente resolverse en una tercera fase llamada de superación (síntesis). Para Hegel la realidad es un devenir donde la contraposición del Ser y de la Nada crea la Existencia.

Esto ejemplifica, como las relaciones humanas están mediadas por las interacciones, y una de las principales es el conflicto.

Las interacciones se establecen en virtud de la identidad y de la diferencia. Sin duda, la más productiva es la que existe una contradicción, una diferencia. La filosofía reciente, renuncia al momento dialéctico de la superación de las contradicciones, ya que normalmente estas evolucionan en otras nuevas contradicciones y la superación es en realidad otra nueva fase afirmativa, para una nueva oposición conceptual. Se trata de una contradicción, que evoluciona al infinito a la manera de oposiciones indecibles, como un juego de espejos que se reflejan los unos a los otros.

El momento de la superación es un idealismo como el concepto de dios. La dialéctica hegeliana es una triada, que asemeja a la Trinidad cristiana, o a otros triángulos conceptuales existentes en muchas religiones, ideologías y filosofías.

La corriente filosófica postestructuralista establece una nueva dialéctica sin superación, con contradicciones, muchas veces irreductibles, que se repiten al infinito, con el concepto de diferencia ontológica, en ocasiones, utilizando neologismos como *"diferendo"* (Lyotard) o *"diferencia"* (Derrida).

El inverso de la felicidad es obviamente la infelicidad. Y la infelicidad funciona con el mismo mecanismo pendular de la felicidad.

El mecanismo emocional del péndulo, muy bien descrito por Vadim Zeland, supone al igual que la dialéctica una fase afirmativa y otra negativa, que van interaccionando, mientras se busca una superación, que nunca se consigue, pero que siempre implica el desgaste de las dos partes e incluso, muchas veces implica la derrota de las dos partes, o al menos de una de ellas.

Lo primero que uno debe plantearse, es si uno no quiere ser infeliz, debe abstenerse de ser agresivo con los demás gratuitamente. Si uno recibe un ataque, no digo que no haya situaciones, que no justifiquen o hagan imprescindible una defensa absoluta. Pero en la medida en que nos resistimos, a un ataque físico, o especialmente a un ataque emocional, como ocurre todos los días en nuestra vida, desbaratamos la fuerza, que nos quiere conducir a la infelicidad. En cuanto respondemos a un ataque, el ataque será devuelto, mientras nos consume cada vez más energía y hace que el foco de nuestra vida se enfoque en la venganza sin fin.

— *Nuestra identidad vive en la oposición dialéctica a la dialéctica negativa del péndulo.*

Las fuerzas del mal viven y se engrandecen gracias a la energía emocional, que te absorben en el defenderte y atacar. Salirte de la dialéctica del péndulo es la única salvación. Nadie puede ganar nunca, pero hay gente enferma, que no puede vivir de otra manera. Ahora bien, que tenga sentido para ellos, no quiere decir que deba tenerlo para nosotros. Es un círculo vicioso, que sólo acaba con la enfermedad o la muerte, si no te escapas antes.

La felicidad es también como una dialéctica del péndulo, pero positiva. En la medida, que empujas a los demás hacia el bien, los demás te devuelven lo mismo, y el va y ven, alimenta un círculo virtuoso. Tu foco es la positividad de conseguir cosas constructivas con los demás. Es una ley simple.

El péndulo es como la física del columpio de los niños. A mayor impulso, mayor vaivén, hasta un punto límite a partir del cual te caes. El péndulo positivo tiene un umbral de devolución benigna, a partir del cual se puede convertir en perjudicial.

No podemos conseguir lo que queremos por nosotros mismos, tenemos que conseguir convertir a los demás en lo que ellos quieren ser y luego ellos nos convertirán en lo que nosotros queremos ser. Sin los demás no somos nadie. Si no somos constructivos en nuestra interacción, entraremos en una espiral de destrucción. Somos nosotros los que hacemos a los líderes, a los políticos, a los famosos, incluso a los dictadores. No al revés.

— *Nadie se hace a sí mismo.*

Pasar de la dinámica virtuosa a la maligna, es posible y, al contrario, también. Hay que ir con cuidado.

Nadie dice, que este sea un mundo de rosas y vino. Ni mucho menos. El mal existe, y al menos, la mitad de todo lo que pasa. Lo único positivo es que por muy poco gana el bien y permite evitar aún -aunque no sabemos si por mucho tiempo-, la autodestrucción de la especie.

Es como la materia y la antimateria, una anula la otra y sólo un pequeño diferencial positivo, hace que estemos en un mundo material.

— *Debes elegir a que quieres jugar.*

Ser feliz tiene todo que ver con el amor, en sentido amplio. El amor da seguridad y nos aleja de la muerte. El amor es parte de los que construyen y aportan a la evolución de la especie. Pero no hay amor sin compasión con los perdedores, con los malignos arrepentidos y con los infelices.

— *Querer ser feliz es el único camino del liderazgo.*

12. Hábitos de la gente que quiere ser feliz

¿Es posible que haya unos hábitos que nos ayuden a ser felices mientras otros no? Por supuesto.

Practicar esos hábitos con independencia del resultado, ya son un bien en sí mismo.

Sabemos que los problemas de la felicidad son dos:

> 1) *No podemos ser felices*, porqué son los demás los que pueden hacer que lo seamos

> 2) *No queremos ser felices*, porqué preferimos buscar un sentido a nuestras vidas

Podemos ser felices en la riqueza y en la pobreza, en la salud y en la enfermedad. Pero hay que quererlo y dar pasos en la ruta correcta. Es más fácil serlo con el tiempo, en la madurez o en la edad tardía, ya que la experiencia de la propia autogestión y el autoconocimiento, son las condiciones de posibilidad imprescindibles, que normalmente la gente joven no tiene, porqué está en proceso de desarrollo.

— *Se puede ser feliz en cualquier circunstancia.*

También es verdad, que al tiempo que la madurez concede la mejor oportunidad para la felicidad, también puede enterrarla completamente. Si las frustraciones son tan grandes o la falta de foco acumulada es desmesurada, o incluso, la recalcitrante incapacidad de autogestionarse de una manera positiva, desborda cualquier cosa, nos aplastarán como una losa y será ya imposible conseguir establecer relaciones, que nos permitan ser felices.

Hay que ser receptivo a lo bueno y hay que autolimitar las malas emociones y todas aquellas estrategias racionales defensivas, inducidas por el miedo. Si no estamos en ese estado de flujo tranquilo, como si ya hubiéramos ganado todas las batallas y todas las medallas, no podemos recibir lo bueno de los demás. Este estado depende del aprendizaje vital realizado y de haber desarrollado una sabiduría propia, que nos permita estar por encima de las intrascendentes escaramuzas en las que se engarza la gente, que no suponen ninguna gran ganancia.

El camino hacia la felicidad es similar al de la filosofía. Amar el saber cómo actividad principal. No sólo saber sobre las cosas, sino saber cómo, saber hacer. Elaborar un discurso del sentido de la vida, basado en la multifelicidad, producido por la relación dialéctica con los otros.

— *La felicidad es una emoción de emociones.*

Y como tal, la gran mayoría de las veces, fugaz y temporal. Momentánea. Completamente dependiente de la comunicación con otros. O destinada a estar presente de manera diferida a través del recuerdo. Sin embargo, como hemos visto, es una emoción racional, porqué exige hábitos positivos, voluntad de conseguirla, mediante el pensamiento, la comunicación y la elaboración de las propias narrativas en interacción con los demás.

La felicidad es un ideal regulativo, es un estadio nunca alcanzado, inalcanzable, pero se puede conseguir ser feliz. Podemos alcanzar una existencia de momentos de felicidad, devueltos por otros, que nos hacen ser felices. Ser feliz es la senda del *sherpa* interior, un proceso sin fin, es la sabiduría de los seres felices. Es lo que nos hace vivir y uno e los principales propósitos del ser vivo.

— *No busques la felicidad en ti mismo si quieres ser feliz con los demás.*

Desear la felicidad sólo conduce a la frustración. Intentar estar en la felicidad es una ilusión. Ser feliz requiere pasión, constancia y mucha táctica.

Como se puede comprobar, este más que un libro sobre la felicidad, es un libro de la autogestión del yo, de inteligencia sentiente, emocional y racional, por lo que muchos de los hábitos exitosos tanto de la acción racional, como de la gestión positiva de las emociones, nos sirven como propedéutica de la felicidad.

- *Asertividad*: expresar nuestras opiniones de manera no ofensiva

- *Generosidad*: ceder nosotros para contentar a los demás

- *Positividad*: tener fe en el prójimo y abrazar la novedad como una aventura

- *Negatividad*: analizar las situaciones y desmontar las narraciones perjudiciales

- *Compasión*: ayudar a los inferiores en vez de aprovecharse de ellos

- *Equilibrio*: ser saludable mentalmente y físicamente, la mayor parte del tiempo

Lo que demuestran estos hábitos es, que como dice nuestro *sherpa*:

— *Nuestros objetivos no pueden ser instrumentales.*

Cuando intentamos hacer felices a otros, no lo podemos hacer pensando exclusivamente con el objetivo de conseguir que los demás nos hagan cosas buenas. Calcular no funcionará. No podemos engañarnos. Tenemos que ser sinceros con nosotros y con los demás. La felicidad es siempre relacional.

— *Nada puede conseguirse sin relaciones auténticas.*

Por último, una facultad fundamental para gestionar nuestra vida a través del consenso consentido de la realidad intersubjetiva, es lo que Heráclito llamaba *"panta rei"*, es decir, todo fluye, nada permanece. Hay que adaptarse en cierta medida al fluir de los acontecimientos y de las circunstancias. El hipercontrol es una pésima estrategia de corto recorrido, que tiene malas consecuencias y que hace que el péndulo nos golpee con más fuerza. Si aceptamos que el mundo tiene un alto grado de incertidumbre, la única manera de hacerle frente es la creatividad vital y la co-creación de espacios mentales con otros.

— *El cambio es la esencia de lo real y hay que surfearlo con estilo.*

13. LOS CUADRANTES DE LA INMANENCIA

Las personas nos olvidamos el tiempo ilusorio en nuestro flujo vital.

Dividimos el tiempo dedicado al desarrollo vital a través de una división espacial. Los impulsos que damos a diversos aspectos de nuestra vida, lo hacemos dedicando mayor o menor energía a uno de los diferentes cuadrantes.

En geometría euclidiana bidimensional, los cuadrantes son cada una de las cuatro regiones infinitas en que los ejes del sistema cartesiano dividen al espacio plano.

Pensamos en el impulso para conseguir la felicidad, como una actividad integrada entre varias diferentes. Es una fuerza resultante entre varias componentes. No hace falta olvidarse de la felicidad, para dar sentido a nuestra vida, se trata de repartir el tiempo o, mejor dicho, dosificar la fuerza que hacemos sobre uno de los espacios de los cuadrantes.

Los cuatro cuadrantes angulares, se mueven en el espacio de la inmanencia, donde actúan cuatro fuerzas existenciales en cada uno de ellos:

1. *Producción*

2. *Sentido*

3. *Comprensión*

4. *Reproducción*

Primero, hay que aclarar que existen muchas fuerzas humanas, que no se tienen en cuenta en el presente modelo, y que por tanto, no agotan la totalidad del potencial humano. Simplemente, aquí se han tenido cuenta cuatro esenciales, para generar una dinámica de desarrollo positivo.

El primer cuadrante de la producción designa a todo aquello que hace y crea cosas, hechos y experiencias. Son en buena parte, las fuerzas de la comunicación positiva. Se trata de la producción existencial. Incluyen, la asertividad, la empatía, el autocontrol, el cuidado a los otros, etc. En general, todo aquello que tiene que ver con la acción y la comunicación, que son interacciones con el otro y lo otro. Con las personas y con la realidad. Es una fuerza que empuja hacia el exterior.

En el segundo cuadrante tenemos en cuenta la creación de sentido, que solo se puede hacer con valores y objetivos. Con la visión del horizonte. Es la fuerza con la que nos proyectamos hacia la realidad, en sus grados de voluntad, conocimiento, capacidades, etc. También es una fuerza, que empuja hacia el exterior.

> — *Solo podemos tener sentido en relación con otros, compartiendo narraciones.*

Si no lo hacemos y nos quedamos en el solipsismo para encontrar únicamente nuestro propósito, inconscientemente optamos por la trascendencia y diferimos a la alteridad más completa, el reconocimiento póstumo.

El tercer cuadrante implica las facultades de análisis, de crítica y de deconstrucción de los discursos falsos o perjudiciales. Es el momento de la introyección y de la introspección. Es una fuerza, que empuja al interior.

El último cuadrante se refiere a la fuerza de supervivencia. Aquí hablamos de energías mentales y emocionales, no físicas. El placer, el descanso, la diversión, el ejercicio y el aprendizaje, la cura de sí mismo, son algunos componentes de la fuerza de reproducción, cuya omisión, creará graves problemas emocionales o incluso de salud, además de una gran desventaja en la consecución de nuestros objetivos. Esta también una fuerza interior.

Una gran dedicación al placer, por ejemplo, solo nos alejará de nuestro horizonte vital. También sabemos que el máximo placer es la muerte, es decir, la consecución del máximo placer lleva a la autodestrucción, como pasa con los toxicómanos. Con lo cual, hay que gestionar las energías de reproducción de manera saludable.

Dentro de cada cuadrante hay infinitos matices y grados. La fuerza que se ejerce sobre el cuadrante respecto a los demás, determina su

angularidad, siendo menor o superior a los 45°
iniciales. El vector de fuerzas resultante
determina y define la huella personal de cada
individuo, en un instante dado. La repetición de
la huella, dejará o consolidará nuestra marca en
el mundo, en la vida propia y en la ajena. En la
realidad real del consenso común.

La actividad personal está destinada una buena
parte en conservar lo que somos, en no ser
menos de lo que somos y de lo que creemos que
debemos ser. En reproducirnos.

El resto de actividades se concentran en lo
contrario de la producción de uno mismo, es
decir, en el desarrollo y en el crecimiento
personal. En la producción de nuestra existencia.
Como, por ejemplo, provocar felicidades,
construir y deconstruir el sentido vital y
desarrollar la comprensión.

Cada perfil personal define un arquetipo, que
descuadra los cuadrantes. Si lo ideal sería
dedicar el 25% de nuestra energía, no solo de
nuestro tiempo, a cada cosa, la realidad es que

cada uno impulsa cosas diferentes en momentos diversos (como se ve en el gráfico más abajo).

Cuadrantes de la inmanencia

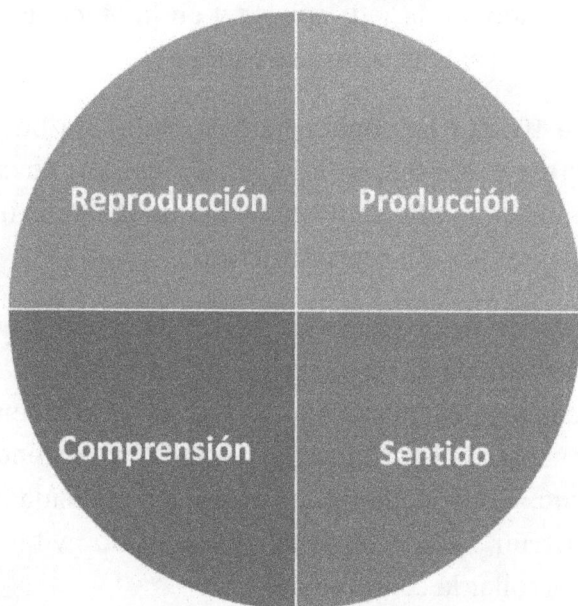

Y lo hace a veces por un impulso positivo, pero también a veces como defensa para evitar uno negativo.

Por ejemplo, quien tiene una dedicación del 90% a la reproducción, quiere decir, que es una persona muy anciana o enferma, que desgasta sus energías en perdurar lo máximo posible, o todo lo contrario, un deportista profesional. Si alguien dedica mucho tiempo a la comprensión, es que está pasando por momentos difíciles, o al menos grandes desafíos. O si se dedica demasiado tiempo al sentido, es que nuestra vida carece de sentido y andamos perdidos, o que necesitamos más y hemos encontrado nuestra razón de vivir. O si nos dedicamos intensamente a provocar la felicidad, probablemente habremos alcanzado esa sabiduría, que nos permite dedicarnos a los otros.

No existe el perfecto equilibrio. El justo medio entre los extremos es un aburrimiento y es un enfoque erróneo.

> — *Te propongo un desequilibrio imperfecto para conseguir construir la sabiduría de la multifelicidad.*

Dicho desequilibrio formal puede ser un auténtico equilibrio de Nash, que nos llena y nos satisface y por lo cual no tenemos ninguna razón para cambiar. Como se ve en el gráfico a continuación.

Propuesta de dedicación

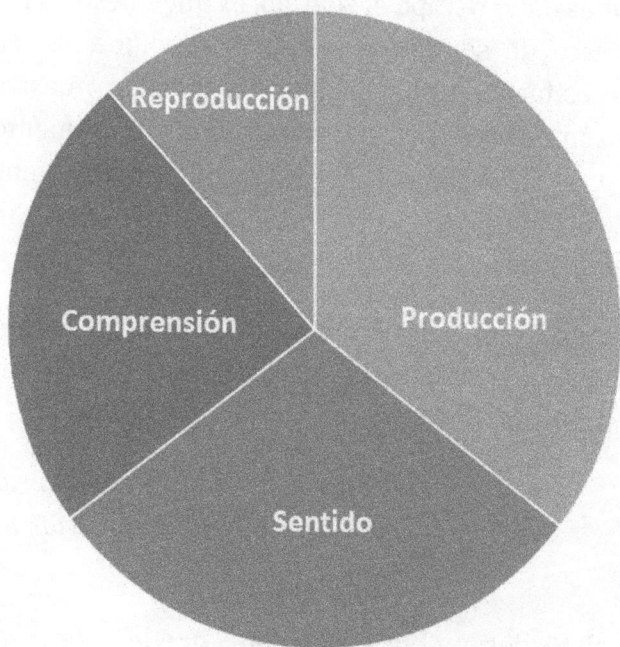

La sabiduría necesaria para ser feliz se consigue con una definición equlibradamente desequilibrada de la fuerza personal dedicada a los cuadrantes sostenida en el tiempo como un círculo virtuoso. Es necesario producir con el primer cuadrante para provocar la felicidad a los demás, pero es necesario aceptar que parte del cuadrante del sentido debe ser utilizado para ser feliz, pero también si no comprendemos correctamente lo que el ser feliz aporta y exige con el cuadrante de la comprensión, tampoco lo lograremos, y finalmente, sin reproducirnos, sin ser, tampoco podemos ser felices. Una adecuada fuerza sobre los cuadrantes en la misma dirección permite saber ser feliz, consigue tener la suficiente sabiduría para no obsesionarse con uno mismo y con nuestras metas egoístas que nos dan satisfacción, placer, dinero, pero no felicidad. Y todos sobemos de la amargura del éxito sin felicidad.

Sin embargo, nada de esto se puede alcanzar de un día para otro. Lleva tiempo, años, relaciones, pruebas y disgustos. Es un proceso natural con el que no hay que obsesionarse. Más bien, hay que ir haciendo una parada en la ruta y autoanalizarnos de tanto en cuanto. Ver si podemos cambiar, si es necesario o interesante y hacerlo. No hay ninguna obligación, ningún premio. No tenemos que hacer un sacrificio, aunque sí mucho esfuerzo.

— *La clave está en sentirse a gusto con nosotros y con los demás, el mayor tiempo posible.*

14. Sabiduría del ser feliz

Se habla de la inteligencia emocional, pero de cara al comportamiento humano no se puede separar de la inteligencia cognitiva.

El comportamiento produce unos resultados, que son una combinación de ambas. Tales inteligencias existen por separado por una necesidad, acertada diríamos, de análisis científico, que nos ha permitido descubrir muchas cosas. Pero en realidad, son como dos fuerzas, que luchan y que arrojan unos resultados. Saber algo, saber que uno no tiene que comportarse de una manera perjudicial para uno o para los demás, no significa, que sea capaz de hacerlo.

No vale la pena conseguir metas, que no sean la de ser feliz. Tienen que estar supeditadas a lo primero. Tu *sherpa* no puede llevarte a ningún sitio más, sino estas bien contigo mismo y con los demás.

Nuestros cuadrantes tienen que estar alineados con el horizonte, para recorrer el mapa sorteando los precipicios.

Tu cartografía, el mapa de la vida, es un espacio blanco, vacío, donde trazar la orografía que quieras. El mapa es el lugar de tu huella por el que transitan tus relaciones y te reconocen.

La felicidad, el sentido de la vida y la comprensión de los problemas, son tres variables que afectan en todo momento al equilibrio y a la satisfacción vital.

Buscar la felicidad individual además de imposible, provoca un gran vacío interior y conduce indefectiblemente a la infelicidad y a la angustia.

Por eso, la felicidad inteligente, la sabia construcción de las felicidades o de la multifelicidad, consiste en mantener un equilibrio adecuado entre las diversas fuerzas, como hemos visto en los cuadrantes:

1. *Hacer feliz a los que quieres*, como actividad a tiempo parcial, es decir, disfrutar de las felicidades

2. *Dar sentido a tu vida siguiendo un propósito vital*, compatible con ser feliz, es decir, seguir tu ruta

3. *Comprender y asimilar, los problemas con los que uno no puede luchar*, es decir, seguir al *sherpa* interior

4. *Rehuir toda trascendencia*, en la medida de lo posible, es decir, mantenerse en una sabia inmanencia, reproducirse

La dinámica de las felicidades no puede quedar nunca fuera del propósito vital.

*— El sentido de la vida no tiene porqué
ser incompatible con la felicidad.*

Aunque alguno, pudiera renunciar a su felicidad, como tantos y tantos suicidas, cuyo propósito personal fue frustrado y fueron incapaces de comprenderlo, solo un enfermo renunciaría a hacer felices a los que ama.

Felicidades, propósito vital y comprensión, son momentos de la inmanencia. Son un mismo juego de sentido, que va desplegando el mapa de nuestra conciencia como una ruta vital, como una cadena de encuentros y desencuentros con otros. La comprensión reorienta el sentido y permite la comunicación con los otros, que nos hacen felices, aquí y ahora, en nuestras felicidades.

Hay que desprenderse de sí mismo, del egoísmo y del egocentrismo, del impulso de posesión, para poder provocar la felicidad y recibir su devolución.

*— Supera la paradoja de la felicidad: no
busques la felicidad si quieres feliz, ayuda*

a los demás a ser felices, para ser feliz tú también.

Si ayudas a los demás a ser felices, tú también serás feliz. La felicidad viene de fuera, no es individual es interpersonal. No es una estado es una relación.

Uno puede decidir, o perseguir un sueño a lo Tesla y ser un genio, al precio de ser un desgraciado hasta sus últimos días, o uno puede ser un empresario inteligente e imaginativo como Edison y tener una vida plena. Uno puede no comprender sus limitaciones o las desgracias que le afectan, o puede adaptarse y sacar el mejor partido de ellas. La felicidad no es lo contrario de la tristeza.

— *La felicidad, la multifelicidad, es una devolución.*

Es la devolución agradecida de una acción positiva. Es la reflexión de la diferencia interiorizada.

Pero para poder elegir hay que saber, hay que estar entrenado y negociar con la realidad. Ser sabio. Somos en realidad, boyas a la deriva, en un Universo aleatorio, donde hay que intentar tener las probabilidades de nuestra parte.

> — *Nadie puede creerse lo que es, pues solo existe lo que eres capaz de hacer.*

Si no negocias con la realidad, la realidad te aplasta. Ser consciente e inteligente, significa tener en cuenta los patrones de comportamiento, que hemos aprendido.

> — *La vida solo es jugar, pero no podemos dejar de aprender.*

No es un juego en sí mismo, sin cordura. Es un juego muy serio, donde nos la jugamos.

La felicidad se aprende y se construye, porqué es una sabiduría. Uno no nace sabio. Se consigue con el tiempo y con las experiencias. Pero hay que amar al saber para ser sabio. Tal y como se propone la filo-sofía: el amor al saber.

> — *La vida es la ruta de la filosofía del ser feliz.*

El razonamiento sentiente y el sentimiento razonante, nos permiten alcanzar una multifelicidad sentiente e inteligente.

Un buen punto de partida es hacerse las siguientes preguntas:

— *¿Soy el que quiero ser?*

— *¿Como puedo ser el que quiero ser?*

— *¿Son los otros quienes quieren ser?*

— *¿Como puedo hacer que los otros sean quienes quieren ser?*

Necesitamos a la sabiduría y a la pasión, para conseguir, para crear nuestra narración vital en forma de mapa. Y necesitamos aliados y testigos en nuestra ruta, para conseguir de una vez, ser nuestro propio guía de las felicidades.

— *Si has descubierto el verdadero propósito del libro, ya eres un auténtico* sherpa*.*

— *Tu velocidad de ruta a estas alturas es ya muy buena. Si has llegado hasta aquí, tu mapa está listo.*

— *Entonces, ya puedes volar solo.*

— *Y ser feliz.*

Epílogo: Una fórmula infalible para ser feliz

Una vez llegados al final de nuestra ruta y con la voz muda, te dejamos con una pequeña guía práctica, de cómo ser feliz en cuatro sencillos pasos. No olvides que estamos dentro del cuadrante específico de la producción de las felicidades.

1. *Conócete a ti mismo*: Tienes que saber quién eres y lo que quieres. El autoconocimiento es siempre el punto de partida de tus acciones y de tu comunicación.

2. *Conoce a los otros*: Antes de actuar y comunicar, también debes conocer como son los demás. Como aprenden, como se

comunican. De esta manera, puedes anticipar sus reacciones. Esto te permitirá construir una empatía y saber cómo influir positivamente.

3. *Provoca a los otros*: La proactividad, reside en hacer cosas con una intencionalidad sobre los demás, buscando un efecto positivo. En provocar con buena intención, en alegrar a los demás, en ayudarles a conseguir sus metas. La reactividad no te permite aprovechar la empatía con los demás.

4. *Disfruta con los otros*: Si has provocado positivamente, no esperes nada, pero disfruta con la reacción, que te brinden tus conexiones. Cuanto más te sorprendan, más contento estarás.

Este ejercicio espontáneo, repetido en el tiempo, y extendido cada vez a más personas, te hará feliz.

Participa de la felicidad de los demás. Llena tu vida de sabias felicidades. De momentos y de eternidades con personas. De sonrisas.

Recorre tu mapa vital, juega en tu ruta, con sabiduría, con la comprensión del sentido de ser feliz en plural. Ahora y siempre.

La felicidad de los demás será como una obra de arte, que siempre podrás contemplar. Lo que también te hará feliz.

Wittgenstein decía, *"de lo que no se puede hablar, es mejor callarse"*, pero en realidad, nosotros preferimos decir, bien al contrario, que de lo que no se puede hablar, lo mejor es hablar. Hablar todo el rato, hasta la saciedad. Alto y claro.

Sentir, razonar, comprender con los demás. Dialogar, devolver. Alcanzar la claridad clarividente. Dialécticamente. Volar por esa ruta de luz, de nuestro *sherpa* interior, hacia el encuentro con los demás.

— *Y saber ser feliz ahora.*

Mapa: Instrucciones de uso

En la siguiente página se puede ver esquematizado el mapa con sus rutas, que debe conocer todo *sherpa*.

Es la cartografía de la vida, tal y como hemos explicado en el presente texto.

Como todos los mapas es una simplificación y siendo puristas, hasta una falsificación de la realidad se podría decir, pero no hay otra manera de trasmitir el conocimiento.

La vida el principio es el final, es decir, acaban en el mismo lugar de la inexistencia, pero en puntos diferentes, porqué son singularidades diferentes.

La inmanencia está compuesta de los cuatro cuadrantes, como fuerzas existenciales, que conducen a la sabiduría.

La comunicación o interacciones humanas son como espirales de contactos que van y vienen, y nos van cambiando a nosotros y a los demás. Son círculos virtuosos o viciosos dependiendo de la constructividad o positividad de las relaciones. Aumentan dependiendo del efecto péndulo.

Las relaciones basadas en la diferencia y en la contradicción son enriquecedoras, porqué siempre se busca un encaje.

Las relaciones basadas en la identidad son desafiantes, ya que sólo puede haber uno idéntico a sí mismo y el uno busca la supresión del otro y de lo diferente.

La felicidad se consigue en la interacción con otros en varias veces o momentos, que llamaos felicidades o multifelicidad.

Lo contrario conduce sólo a la infelicidad recurrente.

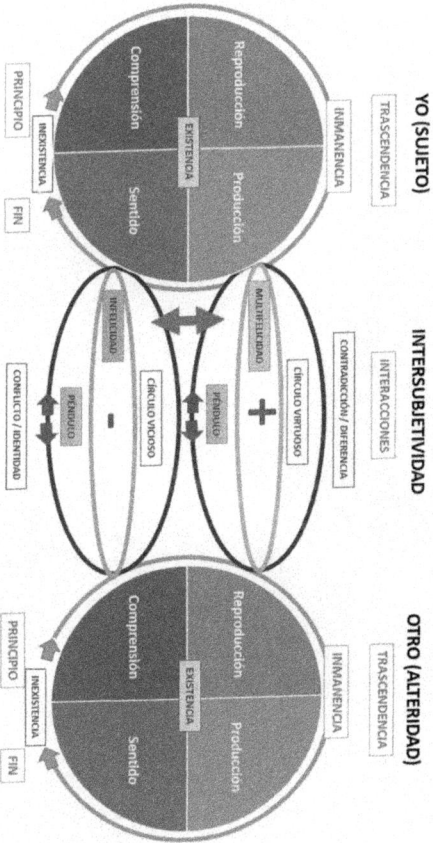

YO (SUJETO)

- TRASCENDENCIA
- INMANENCIA
- Reproducción
- Producción
- Comprensión
- Sentido
- EXISTENCIA
- INEXISTENCIA
- PRINCIPIO
- FIN

INTERSUBJETIVIDAD

- INTERACCIONES
- CONTRADICCIÓN / DIFERENCIA
- CONFLICTO / IDENTIDAD
- INFIDELIDAD
- MULTIFIDELIDAD
- CÍRCULO VICIOSO
- CÍRCULO VIRTUOSO
- PÉNDULO
- −
- +

OTRO (ALTERIDAD)

- TRASCENDENCIA
- INMANENCIA
- Reproducción
- Producción
- Comprensión
- Sentido
- EXISTENCIA
- INEXISTENCIA
- PRINCIPIO
- FIN

-121-

Sobre el autor

Rais Busom es un pensador digital.

Licenciado en filosofía, SEP por ESADE y Babson College, fue investigador y profesor de Ciencia Política en el ICESB. Ha desarrollado su carrera en el mundo de la empresa desde los inicios de Internet. Es un experto en digitalización e innovación como parte de la cultura de las organizaciones. Su enfoque es centrarse en las personas, no en las tecnologías.

Se le puede seguir en su blog Rais Busom Thinking Lab (http://blog.busom.com) o en Medium (https://medium.com/@raisepreflop).

Ha escrito otros libros como:

— *Digitalidad. El universo inteligente y la realidad digital,* 2a Ed., KDP, 2019

— *Sabias Felicidades*

— *Responsabilidad Digital: ¿Cómo conseguir una transformación digital sostenible?*, KDP, 2017

— *Colapso Digital: Cómo la economía del bien común digital puede evitarlo*, Kindle, 2015

— *El crepúsculo de los quarks. Unos cuantos cuentos cuánticos*, Kindle, 2014

— *Ser otros. Apuntes de heterología política: de la ontología a la nomología. 2004-2011*, Bubok, 2011

— *Ejecció de la política. Gènesi, anàlisi i perspectives del post-estructuralisme com a ontologia política* (Tesis de licenciatura), Bubok, 2011, (original 1991)

— *Dunas en la playa. Reflexiones en torno al poder* (Varios autores), Los libros de la catarata,1996

— *VICO Antología. Edición de Rais Busom*, Península, 1989